Dieses Tankbuch gehört:

Name

Adresse

Telefon

Fahrzeugdaten:

Kennzeichen

Marke

Modell

Baujahr

Gekauft am

Datum	Tankstelle	Kilometerstand	Trip

Notizen 🖊

Liter getankt	Preis Je Liter	Gesamtbetrag	Ø-Verbrauch je 100 KM

Datum	Tankstelle	Kilometerstand	Trip

Notizen 🖉

Liter getankt	Preis Je Liter	Gesamtbetrag	Ø-Verbrauch je 100 KM

Datum	Tankstelle	Kilometerstand	Trip

Notizen 🖉

Liter getankt	Preis Je Liter	Gesamtbetrag	Ø-Verbrauch je 100 KM

Datum	Tankstelle	Kilometerstand	Trip

Notizen 🖊

Liter getankt	Preis Je Liter	Gesamtbetrag	Ø-Verbrauch je 100 KM

Datum	Tankstelle	Kilometerstand	Trip

Notizen 🖊

Liter getankt	Preis Je Liter	Gesamtbetrag	Ø-Verbrauch je 100 KM

Datum	Tankstelle	Kilometerstand	Trip

Notizen ✏

..iter getankt	Preis Je Liter	Gesamtbetrag	Ø-Verbrauch je 100 KM

Datum	Tankstelle	Kilometerstand	Trip
_____	_____	_____	_____
_____	_____	_____	_____
_____	_____	_____	_____
_____	_____	_____	_____
_____	_____	_____	_____
_____	_____	_____	_____
_____	_____	_____	_____
_____	_____	_____	_____
_____	_____	_____	_____
_____	_____	_____	_____
_____	_____	_____	_____
_____	_____	_____	_____
_____	_____	_____	_____

Notizen ✎

Liter getankt	Preis Je Liter	Gesamtbetrag	Ø-Verbrauch je 100 KM

Datum	Tankstelle	Kilometerstand	Trip

Notizen ✏️

Liter getankt	Preis Je Liter	Gesamtbetrag	Ø-Verbrauch je 100 KM

Datum	Tankstelle	Kilometerstand	Trip

Notizen 🖊

iter getankt	Preis Je Liter	Gesamtbetrag	Ø-Verbrauch je 100 KM

Datum	Tankstelle	Kilometerstand	Trip

Notizen 🖉

Liter getankt	Preis Je Liter	Gesamtbetrag	Ø-Verbrauch je 100 KM

Datum	Tankstelle	Kilometerstand	Trip

Notizen ✏️

Liter getankt	Preis Je Liter	Gesamtbetrag	Ø-Verbrauch je 100 KM

Datum	Tankstelle	Kilometerstand	Trip

Notizen 🖉

..iter getankt	Preis Je Liter	Gesamtbetrag	Ø-Verbrauch je 100 KM

Datum	Tankstelle	Kilometerstand	Trip

Notizen 🖊

Liter getankt	Preis Je Liter	Gesamtbetrag	Ø-Verbrauch je 100 KM

Datum	Tankstelle	Kilometerstand	Trip

Notizen ✏️

Liter getankt	Preis Je Liter	Gesamtbetrag	Ø-Verbrauch je 100 KM

Datum	Tankstelle	Kilometerstand	Trip

Notizen 🖉

..iter getankt	Preis Je Liter	Gesamtbetrag	Ø-Verbrauch je 100 KM

Datum	Tankstelle	Kilometerstand	Trip

Notizen ✏

Liter getankt	Preis Je Liter	Gesamtbetrag	Ø-Verbrauch je 100 KM

Datum	Tankstelle	Kilometerstand	Trip

Notizen 🖊

Liter getankt	Preis Je Liter	Gesamtbetrag	Ø-Verbrauch je 100 KM

Datum	Tankstelle	Kilometerstand	Trip

Notizen 🖊

...iter getankt	Preis Je Liter	Gesamtbetrag	Ø-Verbrauch je 100 KM

Datum	Tankstelle	Kilometerstand	Trip

Notizen 🖊

Liter getankt	Preis Je Liter	Gesamtbetrag	Ø-Verbrauch je 100 KM

Datum	Tankstelle	Kilometerstand	Trip

Notizen ✏️

Liter getankt	Preis Je Liter	Gesamtbetrag	Ø-Verbrauch je 100 KM

Datum	Tankstelle	Kilometerstand	Trip

Notizen ✏

Liter getankt	Preis Je Liter	Gesamtbetrag	Ø-Verbrauch je 100 KM

Datum	Tankstelle	Kilometerstand	Trip

Notizen 🖊

Liter getankt	Preis Je Liter	Gesamtbetrag	Ø-Verbrauch je 100 KM

Datum	Tankstelle	Kilometerstand	Trip

Notizen ✏️

Liter getankt	Preis Je Liter	Gesamtbetrag	Ø-Verbrauch je 100 KM

Datum	Tankstelle	Kilometerstand	Trip

Notizen 🖉

iter getankt	Preis Je Liter	Gesamtbetrag	Ø-Verbrauch je 100 KM

Datum	Tankstelle	Kilometerstand	Trip

Notizen 🖉

Liter getankt	Preis Je Liter	Gesamtbetrag	Ø-Verbrauch je 100 KM

Datum	Tankstelle	Kilometerstand	Trip

Notizen ✎

Liter getankt	Preis Je Liter	Gesamtbetrag	Ø-Verbrauch je 100 KM

Datum	Tankstelle	Kilometerstand	Trip

Notizen 🖊

iter getankt	Preis Je Liter	Gesamtbetrag	Ø-Verbrauch je 100 KM

Datum	Tankstelle	Kilometerstand	Trip

Notizen ✎

Liter getankt	Preis Je Liter	Gesamtbetrag	Ø-Verbrauch je 100 KM

Datum	Tankstelle	Kilometerstand	Trip

Notizen ✏️

Liter getankt	Preis Je Liter	Gesamtbetrag	Ø-Verbrauch je 100 KM

Datum	Tankstelle	Kilometerstand	Trip

Notizen 🖋

Liter getankt	Preis Je Liter	Gesamtbetrag	Ø-Verbrauch je 100 KM

Datum	Tankstelle	Kilometerstand	Trip

Notizen 🖊

Liter getankt	Preis Je Liter	Gesamtbetrag	Ø-Verbrauch je 100 KM

Datum	Tankstelle	Kilometerstand	Trip

Notizen ✏️

Liter getankt	Preis Je Liter	Gesamtbetrag	Ø-Verbrauch je 100 KM

Datum	Tankstelle	Kilometerstand	Trip

Notizen 🖊

iter getankt	Preis Je Liter	Gesamtbetrag	Ø-Verbrauch je 100 KM

Datum	Tankstelle	Kilometerstand	Trip

Notizen 🖊

Liter getankt	Preis Je Liter	Gesamtbetrag	Ø-Verbrauch je 100 KM

Datum	Tankstelle	Kilometerstand	Trip

Notizen 🖊

Liter getankt	Preis Je Liter	Gesamtbetrag	Ø-Verbrauch je 100 KM

Datum	Tankstelle	Kilometerstand	Trip

Notizen 🖊

Liter getankt	Preis Je Liter	Gesamtbetrag	Ø-Verbrauch je 100 KM

Datum	Tankstelle	Kilometerstand	Trip

Notizen 🖊

Liter getankt	Preis Je Liter	Gesamtbetrag	Ø-Verbrauch je 100 KM

Datum	Tankstelle	Kilometerstand	Trip

Notizen 🖊

Liter getankt	Preis Je Liter	Gesamtbetrag	Ø-Verbrauch je 100 KM

Datum	Tankstelle	Kilometerstand	Trip

Notizen 🖊

iter getankt	Preis Je Liter	Gesamtbetrag	Ø-Verbrauch je 100 KM

Datum	Tankstelle	Kilometerstand	Trip

Notizen 🖊

Liter getankt	Preis Je Liter	Gesamtbetrag	Ø-Verbrauch je 100 KM

Datum	Tankstelle	Kilometerstand	Trip

Notizen ✏️

Liter getankt	Preis Je Liter	Gesamtbetrag	Ø-Verbrauch je 100 KM

Datum	Tankstelle	Kilometerstand	Trip

Notizen 🖉

iter getankt	Preis Je Liter	Gesamtbetrag	Ø-Verbrauch je 100 KM

Datum	Tankstelle	Kilometerstand	Trip

Notizen 🖉

Liter getankt	Preis Je Liter	Gesamtbetrag	Ø-Verbrauch je 100 KM

Datum	Tankstelle	Kilometerstand	Trip

Notizen 🖊

Liter getankt	Preis Je Liter	Gesamtbetrag	Ø-Verbrauch je 100 KM

Datum	Tankstelle	Kilometerstand	Trip

Notizen 🖊

..iter getankt	Preis Je Liter	Gesamtbetrag	Ø-Verbrauch je 100 KM

Datum	Tankstelle	Kilometerstand	Trip

Notizen 🖉

Liter getankt	Preis Je Liter	Gesamtbetrag	Ø-Verbrauch je 100 KM

Datum	Tankstelle	Kilometerstand	Trip

Notizen ✏️

Liter getankt	Preis Je Liter	Gesamtbetrag	Ø-Verbrauch je 100 KM

Datum	Tankstelle	Kilometerstand	Trip

Notizen ✏️

Liter getankt	Preis Je Liter	Gesamtbetrag	Ø-Verbrauch je 100 KM

Datum	Tankstelle	Kilometerstand	Trip

Notizen 🖊

Liter getankt	Preis Je Liter	Gesamtbetrag	Ø-Verbrauch je 100 KM

Datum	Tankstelle	Kilometerstand	Trip

Notizen ✏

Liter getankt	Preis Je Liter	Gesamtbetrag	Ø-Verbrauch je 100 KM

Datum	Tankstelle	Kilometerstand	Trip

Notizen 🖉

...iter getankt	Preis Je Liter	Gesamtbetrag	Ø-Verbrauch je 100 KM

Datum	Tankstelle	Kilometerstand	Trip

Notizen 🖎

Liter getankt	Preis Je Liter	Gesamtbetrag	Ø-Verbrauch je 100 KM

Datum	Tankstelle	Kilometerstand	Trip

Notizen 🖊

Liter getankt	Preis Je Liter	Gesamtbetrag	Ø-Verbrauch je 100 KM

Notizen ✏